CHÂTELAIN-DUPLESSIS,

CITOYEN de la Commune de Saint-Quentin, District de même nom, Département de l'Aisne,

A SES CONCITOYENS

De tous les Départemens.

EGALITÉ, LIBERTÉ.

VICTIME de la calomnie la plus révoltante, opprimé par une faction impie dont j'apperçois à peine les ombres furibondes, je suis détenu depuis deux mois et plus. J'ignore le terme que le Génie tutélaire des vrais Patriotes, mettra à la persécution que j'éprouve. J'attends, avec le calme que l'innocence seule peut donner, que la lumière brille. Alors, comme aujourd'hui, nous répèterons à l'envie : vive la République ! la cause de l'Égalité et de la Liberté aura obtenu un nouveau triomphe. Mes persécuteurs seront confondus.

Cependant, il m'est insupportable de penser que le bruit lugubre des fers honorables que je porte, et la tactique infernale de ceux à qui je dois l'espèce d'adversité dans laquelle je suis, aient pû se réunir, 1°. pour altérer l'intérêt marqué que les ames pures, qui me connoissent, ont pris à ma situation. 2°. Pour égarer, s'il étoit possible, la religion des Membres de la Convention qui sont chargés d'examiner les motifs de mon arrestation. 3°. Pour imprimer la terreur et le découragement parmi ceux de mes Concitoyens que j'ai toujours vus les plus attachés à la révolution.

O! vous qui avez la mission glorieuse de sauver la République; vous aussi, Citoyens, qui dans la grande famille des Français, formez cette masse imposante d'opinions que le scélérat seul redoute, ne préjugez rien! Ecoutez.

J'ai été dénoncé, arrêté le 12 Frimaire et conduit ici comme un contrerévolutionnaire, comme coalisé et correspondant avec des traîtres de Valenciennes.

Mon frère, Châtelain-Dupont, Républicain non moins irréprochable que moi, a éprouvé le même sort.

Voici ma réplique; elle repose sur la vérité. Nous n'avons jamais communiqué avec les traîtres. Nous n'avons eu aucune correspondance directe ni indirecte avec Valenciennes. Que nos dénonciateurs paroissent! Qu'ils osent donc produire l'indice, même le plus léger, du crime dont ils nous accusent ! Pourquoi, depuis deux mois, sont-ils en retard de preuves ? C'est qu'ils n'ont recueilli rien qui pût servir à leur coupable intention.

La conduite civile & patriotique que j'ai tenue, avant & depuis le commencement de la révolution jusqu'à ce jour, est consignée et suffisamment attestée dans les pièces ci-après. Mon frère vient de mettre au jour des titres non moins authentiques & non moins satisfaisans.

Vous les lirez sans prévention. Vous désirerez, avec nous, que la liberté nous soit bientôt rendue, puisque l'usage que nous en ferons ne pourra que concourir à l'affermissement de la République.

Et vous, Patriotes purs de Saint-Quentin, vous avec qui nous avons toujours marché de front dans la carrière à jamais mémorable que la révolution a ouverte, pour rétablir dans ses droits l'humanité souffrante et trop long-temps outragée ; Vous qui, rassemblés, peu de jours après notre départ pour l'Abbaye, par convocation de Lejeune, Représentant du Peuple, et qui, consultés par lui sur le caractère et la conduite révolutionnaire que nous avons observés, avez rendu à l'unanimité une justice éclatante à la loyauté qui nous a gouvernés constamment, que l'infortune qui paraît nous accabler ne vous décourage point ! Loin de vous la terreur qui n'est à l'ordre du jour que pour les ennemis de la République ! Les patriotes qui sont demeurés fermes à leur poste, depuis le 14 juillet 1789 jusqu'à ce jour, rendroient-ils les armes à ceux qui n'ont arboré les trois couleurs que depuis le 10 août 1792 ?

La Justice nationale prononcera bientôt. Notre espérance ne sera pas vaine.

Nous rentrerons dans nos foyers, dignes de vous et de la cause pour laquelle nous aurons souffert. Le bonheur commun nous dédommagera amplement des sacrifices passagers que nous aurons faits pour l'obtenir.

PARIS, Abbaye-Saint-Germain, 1er Nivôse, an 2me de la République, une indivisible et impérissable.

LIBERTÉ,   ÉGALITÉ.

CHATELAIN-DUPLESSIS,

Citoyen de Saint-Quentin,

Aux Citoyens composant les Conseils généraux de Commune et District, le Comité de Surveillance & la Société Républicaine séants en la même Ville.

CITOYENS,

LE 12 Frimaire, par ordre de Rogé, Commissaire de Laurent, Représentant du Peuple à Cambrai, le scellé fut apposé sur mes papiers. Je fus arraché à mon Epouse, à mes Enfans, à mes Parens, à mes Amis, à mes Concitoyens. Je fus conduit en la maison d'arrêt, d'où, deux jours après, l'on me transporta ici comme un contrerévolutionnaire, comme un individu coalisé avec les traîtres de Valenciennes; ce sont les expressions de Rogé.

Moi contrerévolutionnaire!.... Moi coalisé avec les traîtres de Valenciennes!... Il faut être

A

singulièrement inepte ou profondément scélérat, pour hasarder et accréditer des imputations aussi absurdes.

Je n'entreprendrai pas de les combattre. L'examen de mes papiers, et l'impossibilité où seront mes persécuteurs de fournir l'indice la plus légère de ce dont je suis accusé, suffiront pour faire retomber, sur leurs têtes coupables, le glaive qu'ils ont levé sur moi.

Mais ce que, dans toute autre circonstance, ma modestie et le peu de mérite que j'attachois à mes travaux patriotiques, ne m'auroient pas permis de faire, il faut que je le fasse aujourd'hui pour abréger mon séjour dans l'antre du crime et pour être rendu plus promptement à une famille qui, fière de mon innocence, ne gémit que sur mon absence.

Je vais donc tracer ici un tableau fidèle de mon existence civile, morale et politique, avant et depuis la révolution jusqu'à ce jour. Vous l'attesterez, Citoyens, car je ne dirai que la vérité ; et par cela seul, vous exercerez un grand acte de justice, puisque vous concourrez à rendre à la République un de ses plus zélés défenseurs.

Les Parens auxquels je dois le jour résident, depuis cinquante ans et plus, dans la Commune de Saint-Quentin ; placés, par leur industrie, entre le riche et l'indigent, ils s'occupèrent beaucoup moins d'acquérir une grande fortune à leurs enfans, que de leur procurer une éducation qui les mit à portée d'exister aussi heureusement qu'il est possible, au milieu des vicissitudes humaines. Ils leur apprirent à fuir le vice, à aimer la vertu, et à ne reconnoître d'autre dépendance que celle que l'ordre social impose à tous.

L'estime de leurs Concitoyens fut leur récompense ; elle est pour eux une jouissance bien précieuse dans leurs vieux jours.

Leur tendre sollicitude me porta très-jeune dans la carrière du commerce - fabrique de Saint-Quentin ; je l'ai parcourue jusqu'à présent sans cupidité, comme sans reproche. Devenu, depuis huit ans, gendre de mon Associé, mon meilleur ami, époux d'une femme jeune et vertueuse, père de trois enfans, j'ai acquis une existence trop belle, par sa simplicité même, pour que je l'échange jamais contre les attraits brillans et dangéreux de l'intrigue et de l'ambition.

La lecture des meilleurs ouvrages, des méditations profondes, la conversation de quelques amis de cœur et les soins qu'exigeoit une famille naissante, étoient mes seuls objets de délassement dans l'intervalle des travaux auxquels le commerce que j'avois entrepris m'assujétissoit.

Souvent, avec mes amis, je m'abandonnois à une juste indignation à l'aspect des distinctions et des distances ridicules que les hommes mettoient entr'eux, à raison de leur fortune et du rang que leur orgueil avoit usurpés dans la société.

Mes réflexions se reportoient sans cesse sur les calamités sous lesquelles la Nation Françoise gémissoit, et sur les causes de l'avilissement dans lequel elle étoit plongée. Depuis le trône jusqu'à la dernière classe du Peuple (c'étoit le mot alors), je ne voyois qu'une échele de despotisme, de crimes et de vices infâmes. Chaque échelon opprimoit impunément l'échelon qui étoit au-dessous de lui. Les François, victimes tour-à-tour les uns des autres, remplissoient merveilleusement les vues d'une cour atroce et corrompue. Tant de maux devoient provoquer une révolution terrible et majestueuse. Je me la figurois dans ses développemens successifs, et quelquefois mon ame souffroit des convulsions auxquelles l'égoïsme, l'hypocrisie et les passions humaines devoient livrer la société, dans ce combat à mort entre le vice et la vertu ; je me reconfortois par la perspective des colonnes d'égalité et de fraternité qui s'élevoient insensiblement, et sur lesquelles le Temple de la Liberté et de la Raison reposeroient un jour.

Ces réflexions et ces vues, je les mis au jour dans un essai que je fis, en 1788, sur le commerce de Saint-Quentin, et dont plusieurs de mes confrères ont eu connoissance alors. Je les

(5)

développai encore avec plus d'étendue et de
précision dans un discours que je prononçai,
avant le 14 Juillet 1789 , dans une société
d'hommes éclairés qui, depuis long-temps, se
prétendoient libres.

Je ne me bornai pas à la théorie des principes que j'avois adoptés; je les pratiquai au-
tant que je le pus; je les rendis communs à
mes concitoyens dans toutes les occasions où
je pus le faire utilement.

Les hommes de l'ancien régime ne pou-
voient se façonner à de pareilles maximes. Il
falloit sacrifier de grandes jouissances ; il falloit
s'aimer un peu moins et aimer un peu plus les
autres. La conversion étoit difficile; aussi les
aristocrates et ceux qui ne se sont montrés patriotes que pour obtenir des places lucratives
dans le nouvel ordre de choses, ne tardèrent-
ils pas à me citer comme un ambitieux, comme
un intrigant dont l'austérité et quelquefois la
rudesse n'étoient qu'un masque favorable à ses
desseins secrets.

Heureusement ! ces diatribes pitoyables n'ont
point altéré les preuves acquises par la très-
grande majorité de mes concitoyens, que mon
dévoûment n'a jamais eu d'autre but que le
bonheur commun, sans lequel il ne peut y
avoir de bonheur particulier, et l'extinction des
abus qui ne l'ont que trop long-temps ajourné.

A 3

Heureusement encore ! du fond de la prison où les ennemis de la République m'ont précipité, je puis leur dire avec l'accent de la vérité : tremblez ! vos projets iniques seront déjoués ; la République s'affermira et mon innocence triomphera.

Je passe aux différentes époques où j'ai signalé, d'une manière non équivoque, mon zèle pour la révolution.

Janvier 1789. Assemblée des corps et communautés de Saint-Quentin, pour former les cahiers destinés à la tenue des États-Généraux. Je suis chargé de préparer ceux de la Jurisdiction Consulaire dont j'étois membre : ce travail, fondé sur les droits imprescriptibles de la société, obtient l'approbation de mes collègues. Il est combattu, dans l'Assemblée générale des Députés des Corps et Communautés, par les suppôts de la chicane. Déjà ils se voyoient perdus sans retour ; je soutiens vivement la discussion, et la vérité l'emporte.

Dans la même Assemblée, et contre mon attente, je suis délégué pour concourir à l'élection des Députés aux Etats-Généraux. Etranger à toute faction, je ne considère que le salut de la Patrie, et j'ose dire avoir rempli, en ce qui me concerne, le vœu de mes concitoyens.

14 Juillet 1789. Satisfaction, espoir des Patriotes, frémissement des aristocrates. La Municipalité partage leur agitation et leur oppo-
sition à la demande du Peuple, tendante à
dissoudre la Garde Bourgeoise, gothiquement
organisée et dirigée, et à former une Garde
Nationale dont les Officiers et Sous-Officiers
fûssent de son choix. Obstination de la Municipalité. Assemblée du Peuple en vertu de ses
droits recouvrés. Délibérations et organisation
de la Garde Nationale. Refus de la Municipalité
de s'y conformer. Je suis Député, avec le citoyen Joly, auprès de l'Assemblée Constituante
et du Pouvoir Exécutif, pour obtenir l'approbation du projet. En trois jours et à l'aide de
nos Représentans le projet est converti en loi
provisoire; il est mis de suite à exécution.

Vous vous rappelez, Citoyens, de l'activité
soutenue et des principes républicains que j'ai
développés dans ces circonstances alors impor-
tantes pour notre ville; alors aussi je fus nommé
Chef de l'une des trois divisions de la Garde
Nationale. Je fis mon devoir : j'invoque à cet
égard le témoignage des Citoyens que j'avois
l'avantage de commander.

L'Assemblée Constituante avoit organisé le
nouveau gouvernement. Les suffrages publics
me placent successivement, jusqu'à ce jour, au
Conseil général de la Commune, aux Assemblées

Electorales, au commandement d'un des Ba-
taillons de la Garde Nationale et au Conseil
général de District. Je ne donne à mes affaires
de commerce que le temps strictement néces-
saire pour éviter leur délabrement, et la très-
grande partie de chaque jour, je l'emploie aux
fonctions qui me sont confiées. Je concours
avec ardeur à la fondation de la Société populaire qui eut lieu en Mai 1791. Par - tout je
porte mes principes ; je me déclare inébranla-
blement l'ennemi des aristocrates et des égoïstes,
et j'emploie tout ce que j'ai de moyens pour
faire aimer et prospérer la cause de la Liberté
et de l'Egalité.

20 Juin 1792. Cette journée, interprêtée di-
versement dans les Districts éloignés de Paris,
fournit, par cela même, un aliment aux malveillans qui avoient pris le caractère de modérés.
Le Conseil de District est invité à émettre une
opinion favorable aux royalistes ; je repousse
vigoureusement, ainsi que mes collègues, cette
proposition perfide ; elle tombe et les provoca-
teurs sont confondus.

10 Août 1792. Aurore du bonheur des Français. Je saisis avec enthousiasme cette époque
que les ennemis de la Patrie vouoient à l'infa-
mie. Mon opinion se prononce fortement, et
je m'unis aux autres Patriotes, pour dissiper les

incertitudes que les hommes foibles et crédules conservoient encore.

20 Septembre 1792. La Convention Nationale est installée ; la République une et indivisible est proclamée : il ne me reste alors qu'un regret ; c'est que la tête du Tyran ne tombe pas immédiatement après cette proclamation.

Les Rolandistes , les Brissotins , les Girondistes , &c. essaient de pervertir l'opinion publique et de l'induire en erreur sur le compte des Jacobins. D'accord avec un petit nombre de Patriotes énergiques, nous nous opposons à l'effet de leurs écrits séducteurs. La raison qui nous guidoit succombe sous les sophismes avec lesquels on la combattoit ; notre voix n'est plus écoutée. Beaucoup de Patriotes , peu accoutumés aux ruses des intrigans célèbres , se renferment dans les doutes les plus désolans , et le flambeau révolutionnaire pâlit.

31 Mai 1793. Cette journée et les suivantes sont présentées , par les uns , comme l'écueil de la République , et par les autres , comme son triomphe. Cependant, dans le club et dans les Sections réunies , l'on propose des adresses tendantes à dissoudre la Convention Nationale et à en former une nouvelle à Bourges. Je m'élève avec force contre ces mesures liberticides ; je démontre les maux incalculables qui doivent en résulter ; je conjure l'Assemblée , peu nom-

breuse, il est vrai, de se tenir unie à la Convention, et de ne voir que le salut public dans la révolution qui vient d'éclater. En vain je prends la parole plusieurs fois dans cette discussion importante. Des phrases disposées avec art et prononcées avec chaleur contre mon opinion, soutenue par un autre orateur, et déjà adoptée par plusieurs citoyens à qui il ne manquoit que la hardiesse de s'exprimer, la font échouer. Les Patriotes éclairés se couvrent d'un voile funèbre ; tant il est vrai que l'erreur se propage toujours plus facilement que la vérité.

Je me renferme dans mes fonctions administratives, et j'y continue le même esprit révolutionnaire qui m'avoit précédemment guidé, sans me livrer toutefois à ces excès dangéreux qui ne servent que trop bien la cause de nos ennemis.

25 Août 1793. Les Autrichiens dévastent plusieurs Communes du District. La Convention Nationale venoit de décréter le mode de réquisition pour tous les citoyens en état de porter les armes. Le Conseil de Département invite les Citoyens de son enclave à se lever en masse le 31 du même mois : il me nomme l'un de ses Commissaires, à l'effet de parcourir les Communes et de les préparer à ce grand mouvement. Accompagné du Procureur-Syndic, nous nous empressons de remplir cette mission. Par-

tout nous élevons les esprits à la hauteur con-
venable ; nous leur peignons les horreurs de
l'esclavage et les avantages de la Liberté ; cha-
cun se livre à l'enthousiasme le plus heureux,
et la levée en masse s'opère, le 31 Août, avec
un succès qui terrasse les malveillans.

Quelques jours après, les cantons de Bohain
et du Catelet sont envahis par l'ennemi ; nos
murs sont menacés. La petite garnison, envoyée
à Bohain, trop foible pour résister, est en retraite. On craint qu'elle ne soit enveloppée ; le
canon d'allarme est tiré ; les Citoyens sont sous
les armes. Le Général et les Autorités constituées
me confient le commandement des détachemens
de cavalerie disponibles, pour faciliter et as-
surer la retraite de la garnison de Bohain. Je
pars avec une joie inexprimable. J'espérois que
nous ferions mordre la poussière aux esclaves ;
ils ne se hasardèrent pas. Nos frères d'armes
en retraite étoient hors de leur portée ; ils ren-
trèrent avec moi en ville trois heures après notre
sortie.

Peu à peu les grands principes des Jacobins
purs reprennent faveur dans la Société populaire ; cependant ils ne font pas tous les pro-
grès si ardemment desirés par les Patriotes énergiques.

Sur 450 membres qui composent la Société,
il en est un grand nombre qui, par modé-

rantisme , foiblesse , crainte , habitude d'antiques préjugés ou insouciance, ne s'acheminent que lentement à la haute destinée à laquelle les Français sont appelés. Pour détruire ce vice rongeur , l'on propose la dissolution de la Société et sa régénération , au moyen d'une Commission épuratoire, composée de onze membres, dont l'élection sera soumise à l'acceptation du Peuple. La proposition est adoptée ; la Commission est établie.

Membre et Rapporteur de cette Commission, j'annonce à la Société le résultat de notre travail. La Société régénérée est réduite à 120 membres. Les citoyennes qui jusqu'alors avoient eu voix délibérative, sont invitées à se renfermer dans la pratique des devoirs et des grandes vertus pour lesquelles la nature les a créées ; elles ne sont plus membres de la Société. Une tribune particulière leur est destinée lorsqu'elles pourront assister aux séances, sans préjudice pour leurs obligations domestiques. Une autre tribune est destinée aux vieillards : là ils recueilleront journellement le tribut de respect que la jeunesse doit à la vieillesse.

Le travail de la Commission est accepté au milieu des plus vifs applaudissemens.

Une femme seule, une femme réfugiée de Valenciennes à l'issue du siége , reçue en hospitalité par la Municipalité, mécontente de n'être plus membre de la Société où elle avoit été admise lors de son arrivée, élève une voix désorganisatrice contre le rapport et le Rapporteur: sa pétition respire la fureur et la vengeance; un mouvement général d'indignation se manifeste; l'ordre du jour fortement réclamé sur cette infâme production est adopté par acclamation.

Ne vous y trompez pas, Citoyens, voilà la cause à jamais exécrable de la persécution que j'éprouve, et de laquelle je m'estime heureux cependant, puisqu'elle contribuera à purger notre ville des atômes impurs qui l'ont couverte d'une ignominie qu'elle ne méritoit pas. Prononcez.

CHÂTELAIN-DUPLESSIS.

Le Conseil général de la Commune da Saint-Quentin atteste, à l'unanimité, que tous les faits de la vie civile et politique, énoncés dans la pétition du citoyen Châtelain-Duplessis, sont de la plus pure et de la plus exacte vérité, et que toujours il a montré et prouvé des sentimens d'un vrai et franc Républicain, et passe à l'ordre du jour sur les motifs de son arrestation.

Saint-Quentin, en séance publique, le quatre Nivôse, l'an 2me de la République Françoise, une, indivisible et impérissable.

Signé, Nicquet, aîné, Officier Municipal; Arpin, Officier Municipal; Baschelet, Officier Municipal; Jh. Cambronne, Officier Municipal; Phelippeaux, Officier Municipal; Viéville, fils, Officier Municipal; L. Cocu, Notable; Prudhomme, Officier Municipal; Quennesson, Notable; Meunier, Officier Municipal; Dacheux, Officier Municipal; Guilbaux, Officier Municipal; Née-Vignon, S. de l'Agent National; Denelle, aîné, Notable; Girard, Officier Municipal; Dufour-Denelle, Notable; Deschamps, Notable.

Le Comité de Surveillance de Saint-Quentin ayant pris lecture de la pétition de Châtelain - Duplessis, déclare que tout son contenu renferme la plus exacte vérité; qu'il a toujours été un bon patriote et un vrai républicain; qu'il a été un des citoyens de cette Commune le plus ardent à instruire le peuple et à le préparer à accepter la Constitution Républicaine; que son patriotisme est cause qu'il est une des victimes immolées à des intrigues sourdes qui paroissent avoir lieu en cette Commune. Pourquoi le Comité estime qu'il doit être rendu à la liberté, à sa femme, à ses enfans et à ses amis républicains. En séance tenante, à Saint-Quentin, le 4 Nivôse, l'an 2me de la République, une et indivisible.

Namuroy, Cressent, Vigneron - Lamy, N. Didiot, président, Demoulin, Duboscq, Geneste, Sarazin.

Le Conseil général et permanent du District qui a pris communication de l'exposé de la conduite civile, politique

et révolutionnaire du citoyen Châtelain-Duplessis, déclare
et atteste spontanément et à l'unanimité, que les faits
articulés par le pétitionnaire sont vrais ; atteste encore que
constamment il a marché d'un pas ferme et assuré dans le
sentier de la révolution ; que l'un de ses chauds partisans ,
il a proclamé et propagé les principes de la République.
Ennemi des rois et des fédéralistes, il a toujours combattu leurs principes hypocrites , et cherché à déjouer
leurs manœuvres coupables. Administrateur du District ,
il a justifié la confiance du Peuple par ses travaux dans
la carrière administrative , par sa fermeté conciliée avec
la douceur pour le maintien et l'exécution des loix. Le
Conseil du District n'hésite pas de déclarer, jusqu'à ce
que le contraire soit prouvé , qu'il regarde le pétitionnaire
comme une victime malheureuse des orages inséparables
d'une grande révolution ; invite en conséquence le Comité
de Salut public ou de Sûreté générale à procéder, dans
le plus court délai, à son interrogatoire, et à rendre
à la liberté un de ses plus ardens défenseurs, si son innocence est reconnue.

A Saint-Quentin, en séance publique, le 5 Nivôse,
2ᵐᵉ de la République, une et indivisible.

Duplaquet, Boulanger , Paringaut, substitut,
Fouquier, Niay, M. J. Trocquemé, Baudouin,
Duplaquet , président.

La Société populaire et républicaine de Saint-Quentin
adopte tous les arrêtés pris par le Conseil général de la
Commune, l'Administration du District et le Comité de
Surveillance de cette Commune.

A Saint - Quentin, le 5 Nivôse, l'an deuxième de la République, une et indivisible.

C. H. P. COLLIETTE, président. GRÉGOIRE, Secrétaire.

CE JOUR D'HUI seize Frimaire, l'an second de la République, une et indivisible, environ onze heures du matin, nous, Jean-Marie-Furcy Saugnier, Juge-de-Paix de la section du Levant du canton de Saint-Quentin, y demeurant, place Marseillaise, accompagné du citoyen Modeste-Quercy, notre Greffier ; des citoyens Vinchon, membre du Comité de Surveillance, Renard et Niquet, Commissaires nommés par le Conseil général de la Commune à l'effet d'assister à nos opérations , sommes transportés en la maison et domicile du citoyen Châtelain-Duplessis, Négociant à Saint-Quentin, rue des Sans-Culottes, en vertu d'un arrêté du citoyen Rogé, Commissaire des Représentans du Peuple , en date du 13 Frimaire, qui ordonne la levée des scellés, l'inventaire des papiers, et de mettre à part ceux qui paroîtroient suspects, où étant, avons fait venir la citoyenne Duplessis, épouse dudit Châtelain, pour être présente à nos opérations ; à quoi elle s'est soumise. De suite, sommes montés dans le cabinet où étoient apposés nos scellés sur deux grands paniers et une boîte renfermant tous les papiers dudit Châtelain, lesquels scellés avons trouvés sains, entiers et sans altération, les avons levés, et après un examen très-exact de tous les papiers qui étoient sous nos scellés, nous n'en avons trouvé aucuns contraires aux principes de la Révolution, de la Liberté et de l'Egalité ; nous n'y avons trouvé au contraire que des Loix, des chansons patriotiques et autres papiers révolutionnaires, et à l'instant nous avons déchargé ladite citoyenne Duplessis, femme Châtelain. Lesdits citoyens Vinchon, Renard, Nicquet et Modeste-Quercy, ont signé avec nous. Ainsi signés, DUPLESSIS-CHATELAIN, NICQUET, RENARD - VIRLEZ, VINCHON, SAUGNIER et MODESTE-QUERCY.

Délivré pour copie conforme. *Signé*, QUERCY, Greffier.

Aux citoyens ADMINISTRATEURS *du District de Saint - Quentin.*

VOUS expose Pierre-Louis DUPLESSIS, négociant en cette commune et en sa qualité de fondé de procuration de sa fille, femme de Châtelain-Duplessis, par laquelle il est autorisé de requérir et faire procéder, par qui besoin sera, à la connoissance et levée des scellés apposés sur les papiers dudit Châtelain-Duplessis, ainsi que d'être présent à l'examen desdits papiers.

Comme il importe au requérant d'accélérer tous les examens nécessaires à l'effet d'obtenir promptement l'élargissement de son gendre, il vous invite, citoyens, de faire procéder, le plus promptement possible et par qui il appartiendra, à la levée desdits scellés et examen des papiers dudit Châtelain-Duplessis ; le tout en présence du requérant et en sadite qualité.

A Saint-Quentin, le premier nivôse, an deuxième de la République, une et indivisible.

Signé, DUPLESSIS.

Vu la pétition ci - dessus, le Conseil permanent du District de Saint-Quentin, considérant qu'il est de toute justice de procurer aux détenus les moyens de justification qu'ils réclament ; considérant que la loi du......, ... autorise les Autorités constituées de faire procéder à la levée des scellés, l'Agent national entendu, arrête que le Conseil général de la Commune nommera deux commissaires qui, avec le juge-de-paix et en présence des citoyens Paillet - Carré et Vielle, père, procéderont à la levée des scellés chez Châtelain-Duplessis, examineront tous les papiers qui se trouvent sous lesdits scellés, vérifieront s'il s'y trouve des lettres-de-change ou titres de créance sur l'étranger, en distrairont les papiers suspects, s'il s'y en trouve ; qu'ils les déposeront à la municipalité, et dresseront du tout procès - verbal dont ils remettront copie, sous le plus court délai, à l'Administration, pour en rendre compte au Comité de Sûreté générale.

En séance publique, le 2 Pluviôse, deuxième année républicaine.

Signés, LEFEVRE, MARTIN, PARINGAUT, SAUGNIER, N. P. TESTART, NIAY, M. J. TROCQUEMÉ, DELAPORTE, LENAIN, DAMBRUN.

———————————

CE JOUR D'HUI cinq Pluviôse, deuxième année de la République Française, une et indivisible, trois heures de relevée, en vertu d'un arrêté du Conseil général permanent du District de Saint-Quentin, en date du deux de ce mois, signé Lefevre, Martin, Saugnier, N. P. Testart, Niay, Trocquemé, Delaporte, Lenain et Dambrun, étant à la suite d'une pétition présentée par Pierre-

Louis Duplessis, négociant en cette Commune, fondé de la procuration de Marie-Anne-Victoire Duplessis, sa fille, épouse du citoyen Jean-Baptiste-Nicolas Châtelain, aussi négociant audit Saint-Quentin, mis en arrestation, actuellement détenu à l'Abbaye de Saint-Germain à Paris, passée devant Tiron et son confrère, Notaires à Paris, le huit Nivôse; ledit arrêté portant : que le Conseil général de la Commune de Saint-Quentin nommera deux Commissaires qui, avec le Juge-de-Paix et en présence des citoyens Paillet-Carré et Vielle, père, procéderont à la levée des scellés apposés chez ledit citoyen Châtelain, le vingt-quatre Frimaire, examineront les papiers qui se trouvent sous lesdits scellés, vérifieront, s'il y en a, les lettres-de-change ou titres de créance sur l'étranger, distrairont les papiers suspects s'il s'en rencontre, les déposeront à la Municipalité et dresseront du tout procès-verbal, et à la réquisition, tant dudit citoyen Duplessis audit nom de fondé de la procuration de sa fille, susnommée, laquelle a été établie gardienne des scellés apposés chez ledit Châtelain, son mari, que des citoyens Gabriel-Eustache Deruez et Pierre-Louis Roche, tous deux Commissaires en cette partie, nommés par le Conseil général de ladite Commune de Saint-Quentin.

Nous, Claude-François Mégret, Juge-de-Paix de la section du Levant de cette Commune, accompagné de notre Greffier et desdits Commissaires, nous sommes transportés en la maison dudit citoyen Châtelain, sise en ladite Commune, rue des Sans-Culottes, à l'effet par nous de procéder à la reconnoissance et levée des scellés apposés sur ses papiers, et par lesdits Commissaires et desdits citoyens Paillet-Carré et Vielle, père, à la vérification et examen desdits papiers; le tout en conformité dudit arrêté; et étant arrivés en ladite maison et montés, dans une chambre haute, qui sert de cabinet audit Châtelain, ayant vue sur la cour par deux croisées, y avons trouvé ledit citoyen Duplessis, audit nom, lequel nous a représenté les scellés apposés par une bande de papier cacheté aux deux extrémités, sur la porte d'un petit cabinet pratiqué dans l'intérieur de la susdite chambre; et après les avoir examinés et reconnus sains, entiers et sans altération, les avons levés et ôtés. Ouverture faite ensuite de la porte du petit cabinet avec la clef étant en nos mains, lesdits Commissaires, en présence desdits Citoyens Paillet-Carré et Vielle, père, en ont retiré tous les papiers qui y étoient renfermés, pour, par eux, en faire l'inspection et l'examen, aussi bien que tous les autres qu'ils pourront trouver dans lesdites chambre et cabinet, dont il dresseront un procès-verbal particulier.

Nous avons déchargé ladite Marie-Anne-Victoire Duplessis de la garde desdits scellés, et en tant que de besoin, ledit Citoyen Duplessis, son beau-père et son fondé de procuration.

Ce fait, nous avons remis auxdits Commissaires, ce reconnoissans, la clef dudit petit cabinet dont nous étions chargés; lesquels Commissaires réapposeront, s'ils le jugent à propos, les scellés sur lesdits papiers pendant le cours des opérations dont ils sont chargés.

De tout quoi nous avons fait et dressé le présent procès-verbal que lesdits Commissaires, lesdits Citoyens Paillet-Carré, Vielle père et Duplessis, audit nom, ont signé avec nous et notre Greffier, lesdits jour et an, à la minute. *Signé*, DUPLESSIS, DERUEZ, ROCHE, PAILLET, VIELLE, MÉGRET, Juge-de-paix; QUENTIN, Greffier.

Pour copie délivrée conforme à la minute, par moi Greffier de la justice de paix du Canton du Levant de la Commune de Saint-Quentin, soussigné, ce sept Pluviôse, deuxième année de la République Française, une et indivisible.

Signé, QUENTIN.

Nous, Gabriel-Eustache DERUEZ et ROCHE, membres du Conseil général de la Commune de Saint-Quentin, Commissaires nommés à l'effet de faire la levée des scellés, par arrêté du vingt-neuf nivôse, l'an deuxième de la République une et indivisible, apposés chez divers citoyens de ladite ville, mis en arrestation, et pour satisfaire à l'arrêté du District de cette même Commune, en date du deux pluviôse, deuxième année républicaine, nous sommes transportés, accompagnés des citoyens Megret, juge-de-paix, et son greffier, des citoyens Vielle, père, et Paillet-Carré, aussi commissaires nommés par ledit arrêté du District, en la maison du citoyen Châtelain-Duplessis, négociant, rue des Sansculottes, actuellement en arrestation à l'Abbaye-Saint-Germain, à Paris, où étant, nous avons trouvé le citoyen Duplessis, son beau-père, lequel nous a fait monter dans une chambre haute où nous avons trouvé les scellés apposés sur la porte d'un cabinet, lesquels étant levés par le susdit citoyen juge-de-paix, nous avons fait l'examen des papiers y contenus, que nous avons trouvés dans différentes boîtes et paniers, et n'avons reconnu, après les plus exactes recherches, que des papiers qui portent le plus pure républicanisme, cottés depuis un jusqu'à cinq, *signés* DERUEZ, renfermés dans un seul paquet, pour y avoir recours au besoin ; de tout quoi nous avons dressé le présent procès-verbal et avons *signé*, après lecture faite au Citoyen Duplessis qui a *signé* avec nous.

Fait à la Maison de Commerce dudit Citoyen Duplessis, le cinq Pluviôse, l'an 2me de la République, une et indivisible. *Signé*, BON - DERUEZ, VIELLE, PAILLET, ROCHE, Notable.

Pour copie conforme.

Signé, QUENTIN-DUPLAQUET, Secrétaire-Greffier.

Nous membres du Conseil général de la Commune de Saint-Quentin, certifions que la signature ci-dessus est celle du citoyen Duplaquet, secrétaire-greffier de la Commune.

Saint-Quentin, le sept pluviôse, deuxième année de l'Ère Républicain.

Signé, GUILBAUX, Officier Municipal; Louis COCU, Notable; COUTANT, Notable.

De l'Imprimerie de la Citoyenne HÉRISSANT, Imprimeur, rue de la Raison, ci-devant Notre - Dame.

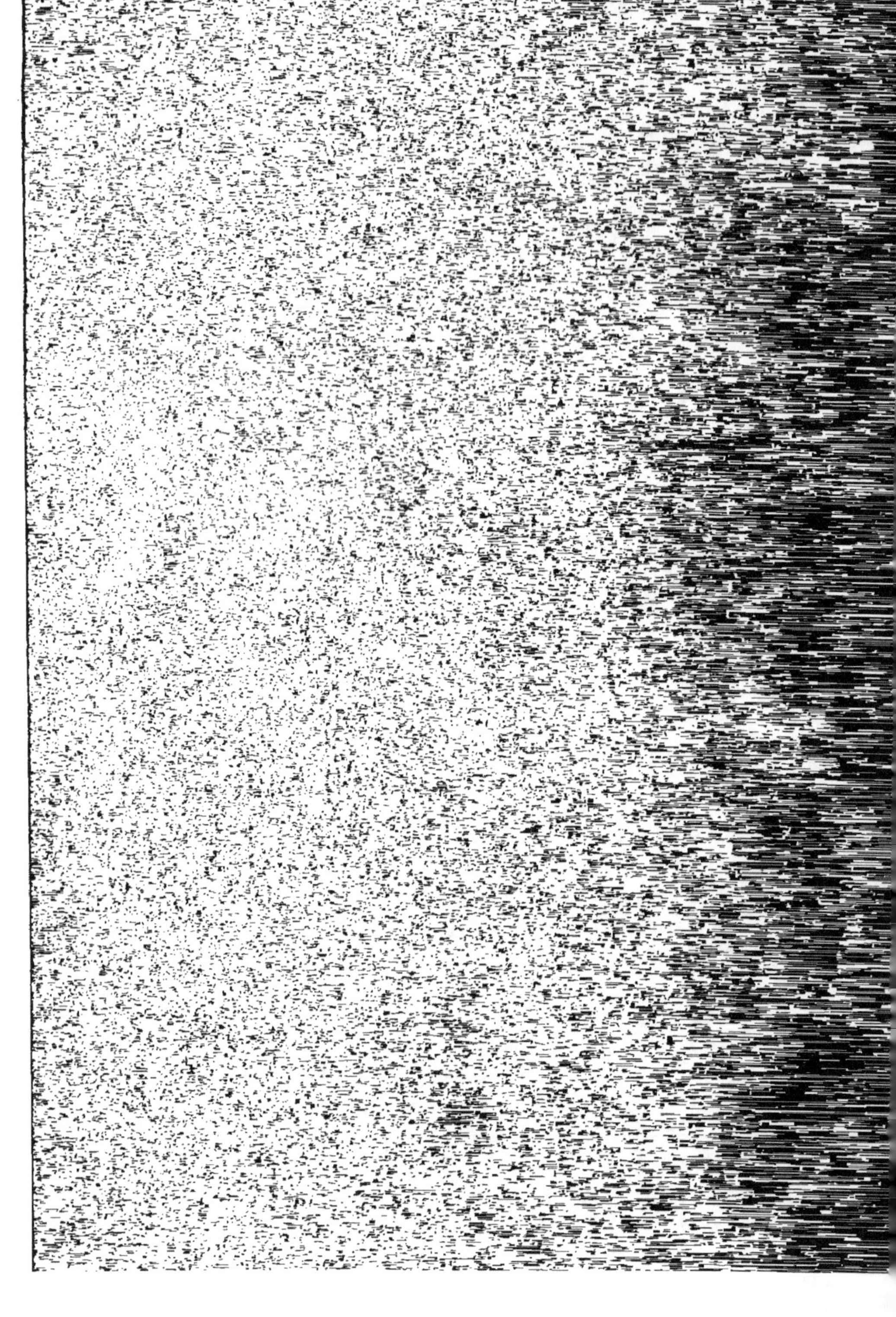